# 小学生 时间管理

# 高效学习法

宋安阳◎主编

黑龙江科学技术出版社
HEILONGJIANG SCIENCE AND TECHNOLOGY PRESS

图书在版编目（ＣＩＰ）数据

小学生时间管理：高效学习法 / 宋安阳主编．
哈尔滨 ： 黑龙江科学技术出版社，2025.3. -- ISBN
978-7-5719-2687-8

Ⅰ．G625.5

中国国家版本馆 CIP 数据核字第 2025PA3720 号

小学生时间管理——高效学习法
XIAOXUESHENG SHIJIAN GUANLI GAOXIAO XUEXI FA

宋安阳　主编

责任编辑　刘　路
插　　画　上上设计
排　　版　文贤阁
出　　版　黑龙江科学技术出版社
　　　　　地址：哈尔滨市南岗区公安街 70-2 号　邮编：150007
　　　　　电话：（0451）53642106　传真：（0451）53642143
　　　　　网址：www.lkcbs.cn
发　　行　全国新华书店
印　　刷　天津泰宇印务有限公司
开　　本　710 mm×1000 mm　1/16
印　　张　7.5
字　　数　74 千字
版　　次　2025 年 3 月第 1 版
印　　次　2025 年 3 月第 1 次印刷
书　　号　ISBN 978-7-5719-2687-8
定　　价　49.80 元

#  前 言

　　小朋友们，你们在生活中是不是经常遇到这样的问题：有时候想要做的事情很多，却总感觉时间不够用；有时候正沉浸在自己的娱乐中，却被爸爸妈妈告知要立刻写作业；有时候辛辛苦苦付出了很大的努力，却没有达到自己的期望……其实，这都是不擅长时间管理导致的。

　　为了帮助你们学会管理自己的时间，提高学习效率，我们精心编写了这本《小学生时间管理——高效学习法》。本书充分考虑到了少年儿童独特的心理特点和阅读习惯。从你们日常学习生活中非常熟悉的事情入手，不仅为你们分析为什么会出现时间不够用、明明很努力却还是完不成预定的目标等原因，还会告诉你们这些现象背后可能存在的危害。比如，总是不能按时完成任务，可能会养成拖延的坏习惯，以后做事情都会变得拖拖拉拉的呢。

　　另外，在每篇文章的后面，还专门设置了"秒变时间管理小能手"的栏目，教给你们很多实用又有趣的时间管理方法。

通过这些方法，你们能够快速提升自己管理时间的能力，并且可以根据自己的情况建立属于自己的时间管理策略。可以按照自己的节奏和计划去安排学习和娱乐的时间，再也不用担心时间不够用啦。

本书图文并茂，内容生动。书中有很多生动有趣的图片，这些图片不仅能让你们在阅读的时候感到更加轻松愉快，还能帮助你们更好地理解书中的内容。相信通过阅读本书，大家一定可以深刻理解时间的重要性，并且在不断磨炼时间管理技巧的过程中，逐渐掌控自己的时间，更合理地安排自己的学习和生活。你们会发现，自己能够掌握生活的主动权，每一天都能过得既充实又有意义，成长为更加优秀的小朋友哦！

让我们一起开启这场奇妙的时间管理之旅吧！

# 目录

 **第一章　告别坏习惯，做时间的主人**

**第二章　时间有限，需要合理的规划和分配**

第三章 做事要有条理，正确的时间做正确的事

## 第四章　珍惜时间，合理利用每一秒

# 小学生时间管理
## 高效学习法

# 第一章

告别坏习惯，
做时间的主人

# 粗心马虎，会降低你的学习效率

这么简单的题你都能做错，太粗心马虎了。就算再着急看电视，写作业也应该全神贯注。

　　小拓放学回家后就想开电视看动画片。妈妈让他写完作业再看动画片。小拓发现离播动画片的时间还有半小时，就连忙回到房间写作业。

　　小拓写一会儿作业，就抬头看看时间。随着动画片播放时间的临近，小拓写作业的速度越来越快，终于赶在动画片开演之前写完了作业。他丢下笔，跑到客厅，打开电视就看起来。

　　妈妈来到小拓的房间，拿起作业检查起来。结果发现连一些很简单的题目小拓都答错了，而且字迹潦草。妈妈拿着作业本对他说："小拓，这么简单的题你都能做错，太粗心马虎了。就算再着急看电视，写作业也应该全神贯注。"

1. 急性子，做事情图快，写作业或者考试时总是急急忙忙，导致出错，降低学习效率。

2. 注意力不集中，学习总是处于一心二用的状态，认知活动的有效性和准确性降低。

3. 心理压力大，一到考试就紧张，害怕达不到爸爸妈妈和老师的期望，不能专注考试。

4. 缺乏责任感，对自己不感兴趣的事情满不在乎，导致错误百出。

◆ 可能会导致返工，完成事项的时间延长

◆ 时间久了，会怀疑自己的能力，影响自信心和情绪稳定性

**粗心马虎的后果**

◆ 因错漏百出，可能被同学嘲笑，影响人际关系

◆ 错误率变高，影响学习成绩

◆ 可能会增加完成任务的难度，影响未来的发展

## 细心的好处

◆ 让人沉着冷静地做事
◆ 很少出差错
◆ 考虑问题全面
◆ 锻炼多向思维
◆ 培养责任心

 秒变时间管理小能手

**1** 多做手工或者做需要细心才能完成的事情，如练书法、走迷宫等。

**2** 和细心的同学交朋友，学习他们做事的方法。

**3** 在一张纸上写上自我提醒的句子，贴在醒目的地方，如书桌上或墙上，时刻提醒自己注意粗心的毛病。

**4** 培养自己的学习兴趣，比如攻克一道难题，给自己一些小奖励，让自己有成就感，感受到学习的快乐。

# 我的专注力训练法

## 训练法一：色彩训练法

从中找出跟其他颜色不一样的书。

## 训练法二：念颜色

看一看，读出每个字对应的颜色。

绿红黄蓝紫　红蓝黄紫黑

黑红蓝绿紫　绿白蓝红黄

黄黑红绿黄　绿黑白红黄

# 边学边玩坏习惯，吃掉我的时间

晓兰今年上三年级了，每天晚上写作业时，总是开着电视，吃着零食，腿上还摆着布娃娃。写两个字就抬头看两眼电视，看到精彩处还要跟着节目跳一曲。时不时还要摆弄两下布娃娃，每天写作业都要花费两三个小时。

妈妈觉得晓兰一心多用的习惯很不好，等到高年级学习任务重了，可能就应付不来了。于是让她每天专心练字10分钟，锻炼她的专注力。不久，晓兰果然变得专注耐心了很多，学会了在写作业前先关掉电视、清理掉无关的东西，就连写作业的时间也大大缩短了。

1.没有严格区分作业时间和玩乐时间，因而总想边学边玩。

2.动画片的时间和写作业的时间"撞车"，为了不耽误看动画片，只好边学边玩。

3.自由时间不够，做完老师布置的作业，爸妈还会布置其他作业，觉得不如边学边玩。

4.作业太多、太难，做作业时间太长，觉得边学边玩才能坚持下去。

边学边玩的后果

分散注意力

难以集中精力写作业

写作业时间变长

学习效率降低

增加压力和焦虑感

给学习和娱乐时间划分界线。

## ⏱ 秒变时间管理小能手

**1** 给学习时间、娱乐时间制定严格的分界线，并且要保证它们绝不会"撞车"。

**2** 和朋友制作共同的时间表，约好几点出去玩，不在学习时间段上门找人，以免彼此打扰。

**3** 和老师探讨，弄清作业难度和自己的知识漏洞在哪里，做作业时专心攻克，更省时间。

**4** 多参加一些体育运动或需要专注力的活动，帮助自己锻炼专注力，纠正边学边玩的毛病。

# 周末时间安排

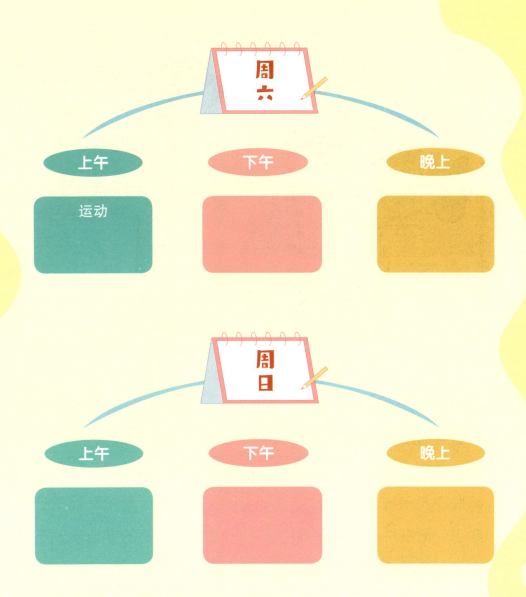

周六

上午　　下午　　晚上

运动

周日

上午　　下午　　晚上

备注：根据自己的实际情况安排周末的时间。

# 总是丢三落四，浪费了太多时间

你看看你，天天丢三落四，时间都浪费在找东西上了。

　　放学回家后，松松立刻拿出作业写了起来。写着写着，突然发现自己的橡皮不见了，他喊道："妈妈，我的橡皮不见了。"妈妈帮他在地上找到了橡皮。不一会儿，他又发现尺子不见了，不禁自言自语道："尺子呢？明明放在铅笔盒里了。"后来妈妈发现尺子被他夹在课本里了。过了 5 分钟，松松又找不到字典了，他在书包里翻了半天也没有找到。"我的字典呢？不会忘在学校了吧！"于是他又让妈妈给小新打电话借一下字典。

　　妈妈发火了："你看看你，天天丢三落四，时间都浪费在找东西上了。你做作业前就不能把东西都准备齐，放到固定的位置吗？"松松觉得妈妈说的有道理，有些不好意思。

# 一起来找找原因吧！

1. 随心所欲惯了，不会特别注意早上、写作业前、睡前需要提前准备哪些东西。

2. 自主能力差，准备东西和时间安排都是爸妈在做，自己根本不知道要做什么。

3. 可能故意丢三落四，如忘带作业本，来为自己不想做作业找借口。

◆ 上学前落东西，再回去取东西，容易导致迟到

◆ 经常丢三落四，影响周围人对自己的信任

**丢三落四的后果**

◆ 忘带作业或课本，影响学习效果

◆ 上学时丢三落四，需要家人送东西，耽误他人时间

◆ 写作业时丢三落四，容易养成磨蹭的坏习惯

## 秒变时间管理小能手

**1** 准备提示板，上面列明写作业前应准备的东西，并注意核对，节省时间。

**2** 每天自己整理房间、整理书包、准备文具等，通过整理节省时间。

**3** 将东西放在固定的地方：钥匙放在门口鞋柜上，红领巾和校服挂在衣架上，写作业时文具放在右手边、闹钟和水放在左手边，下一科目的作业放在阅读架上。不管要用什么东西都不用再找，更省时间。

## 写作业前的准备清单

- [ ] 上厕所
- [ ] 准备一杯水
- [ ] 准备好纸、笔
- [ ] 对照作业单准备抄词本、作文纸
- [ ]
- [ ]
- [ ]

# 上课不专心听讲，作业时间倍增

　　小纯每天一到家就写作业，却每次都要写很久。妈妈发现，有些题小纯不会做，在这些题上浪费了很多时间。妈妈问为什么会这样，小纯抱怨老师讲课太快了，自己跟不上。

　　妈妈就给小纯的班主任打去了电话，班主任说小纯学习很努力，但总不能专心听课，有时已经讲下一个知识点了，她还在分心记笔记，这样很难跟上老师的思路，会漏掉很多重点知识，还说她的笔记很完整，但太琐碎了，完全没有重点。

　　妈妈知道原因后就告诉小纯，可以进行课前预习，并把重点和疑难点标出来，带着疑问去听课，尽量先跟上老师的讲课思路，不着急做笔记。果然，两个月后小纯就有了很大进步。

1. 不善于听讲，抓不住老师讲课的重点，错过了掌握重要知识点的时机，导致课后写作业费时费力。

2. 听课和记笔记冲突时，优先记笔记，随后又不复习和整理笔记，以至于不能消化所学的知识，再运用时就需要大量时间去理解。

3. 不会的问题没有及时提问，导致问题越积越多，写作业的难度也就越来越大，所用的时间也就越来越长。

抓不到
课堂重点

上课不专心的
危害

听课效率
低下，疑点、
难点变多

知识学不
会，做作业
时间长

自信心受
打击，影响
身心健康

成绩垫底

上课认真听讲

+

重点内容记笔记

+

学好知识

## 秒变时间管理小能手

**1** 学会预习，找到自己的疑点，带着疑点听课，课堂重点、难点就不会错过了，也会更专心，效率自然更高。

**2** 听课和做笔记冲突时，优先听课，跟着老师的思路来理解和消化知识点，笔记可以课后补，不过多占用课堂时间。

**3** 没弄懂的知识点，及时提问，争取在学校将每日所学的知识都弄懂，这样做起作业来更轻松省时。

**4** 及时整理笔记和复习，通过梳理可以加深印象，及时查缺补漏，这样疑难点不堆积，做作业时更省时省力。

## 三色笔记录法

### 司马光砸缸

表现出着急的语气　　失足

群儿戏于庭①，一儿登瓮②，足跌没水中。众皆③

离开

弃去，光④持石击瓮破之，水迸⑤，儿得活。

临危不惧
冷静思考

* 铅笔：画出疑问，随堂解决。

* 红笔：标注疑难字词、字义。

* 蓝笔：做旁批。

注：三色笔根据自己的习惯可以改变，不是固定的。

# 作业分类不合理，时间多花一大半

佳佳上六年级了，面对繁重的作业任务，她每天都要写到很晚，学习之外更是一点时间都没有了。但好朋友小聪却有很多玩乐时间，成绩也很好。

佳佳开始怀疑自己是不是太笨了。一次跟小聪聊天时，佳佳说起自己的烦恼，小聪问她的作业顺序是怎样的。佳佳说："先背课文，再写作文，然后背英语，最后是数学题。真想每天多出几个小时，来解决那一大堆作业呀！"

小聪告诉佳佳她的问题在于作业分类不合理，很多碎片时间都没利用起来。如果能把作业重新分类，肯定能提高效率，时间就能省出很多。

1. 在大脑思维最敏捷的黄金时间段，用来做抄写、背诵等简单的作业，时间利用率低。

2. 在大脑疲劳期，却还得应付难度很大的数学，效率低且拖长写作业的时间，造成睡眠不足。

3. 不熟悉大脑的记忆规律，死记硬背，效果差。

◆ 思考类作业不能集中进行，丧失深度思考能力

◆ 作业分类不合理，时间被切得太碎，难以对知识形成整体性理解

**作业分类不合理的危害**

◆ 长时间进行记忆背诵类作业，损伤大脑，使大脑变得僵硬、迟钝、机械化

◆ 抄写等简单作业占据大脑的黄金时间，造成时间、脑力的浪费

◆ 简单机械作业用时过长，影响大脑的认知理解力、思考力、领悟力、想象力等

思考类　语文阅读、日记、作文、英语填空、数学拓展题

作业分类

抄写类　汉字、词组、名言警句、查字典、英语单词

背诵类　语文课文、古诗词、英语单词、数学公式

## 秒变时间管理小能手

**1** 抄写类作业，对专注力要求不高，可以利用碎片时间，如在放学后等家长时或饭前饭后完成，不占用大块作业时间。

**2** 朗读、背诵类作业，可以先朗读3～5遍，读顺后用录音设备录下来，然后在放学路上、洗澡时间、睡前整理准备时间等反复播放，强化记忆，不专门占用写作业的时间。

**3** 数学、阅读、作文等思考类作业，要安排在精力最充沛的安静时间段，并集中注意力，保证认真思考、专心写作业，提高效率。

# 不同类型作业时间安排

| 类型 | 作业 | 时长 |
|------|------|------|
| 阅读 | | |
| 抄写类 | | |
| 背诵 | | |
| 试卷 | | |

备注：1格表示 10 分钟，可以根据自身情况涂色。

# 不会休息，也会影响学习效率

小西放学后总是先喝点水、吃点水果、听会儿音乐，然后才开始写作业，而且写半个小时作业就休息10分钟。妈妈认为小西这样是在浪费时间，就批评小西贪玩。

有一次，妈妈又看见小西在写作业的时间休息，就说："赶紧接着写，一口气写完再休息。"小西很烦恼，跟妈妈解释道："我都写半个小时了！学习时间一长，大脑就累了，必须休息一下效率才更高。"可妈妈根本不听小西解释，还说她找借口。

结果，小西按妈妈的要求去做后，写作业的时间反而延长了，成绩也有所下滑。妈妈这才后悔，给小西道了歉，并保证不再干扰她的学习节奏。

1. 写作业前不休息，没有做好心理上的准备和调整，写作业时就很难进入状态，从而影响学习效率。

2. 长时间写作业，中间不留休息时间，大脑容易陷入疲劳状态，影响专注力。

3. 休息时间过短，达不到缓解疲劳、恢复精力的目的。或休息时间过长，需要重新进入状态，浪费时间。

4. 休息频率过高或过低，专注力不能始终保持良好状态，不能达成省时高效的目的。

5. 休息方式不对，如做太过剧烈的运动，作业和休息不能形成良好的节奏，浪费时间。

太长时间做同一件事，会产生厌烦情绪

大脑不能及时得到休整，会变得疲劳迟钝

不能形成良好的作息节奏，过度疲劳，透支脑力

身体疲惫，效率会越来越低

不会休息的危害

休息 5 ～ 10 分钟，学习效率会更高！

 ## 秒变时间管理小能手

1  写作业的间隙要适度休息，但休息时间不宜过长，过长则要重新进行心理调适准备，反而浪费时间，以 5 ～ 10 分钟为宜。

2  休息频率不宜过高，否则会影响效率和专注力，以 20 ～ 30 分钟休息一次为宜。写作业和休息交替进行，效率更高。

3  休息时要离开书桌，以消除心理上的紧张感。这样等再次进行学习时，轻松的状态更利于高效完成任务。

# 我的作业、休息时间安排

抄写类作业

20 分钟

散步

5 分钟

背诵课文

25 分钟

远眺或闭目

8 分钟

写作

40 分钟

听音乐

数学难题

20 分钟

# 节奏不对，学习效率也会降低

丽丽计划暑假读完两本课外书。第一天上午，她一口气读了半个小时，读完了 15 页。丽丽心想："两本书一共才 300 页，按我这个速度 10 个小时就能读完。"于是她又读了半个小时，结果却只读了 10 页，而且感觉有点累，不想再读了。

她对妈妈说："妈妈，我一开始用半个小时读了 15 页，后面半个小时为什么只读了 10 页呢？"妈妈说："你读书的节奏不对，当然会越读越少了。你可以上午和下午各读半个小时，一直保持这个节奏。"

丽丽听从妈妈的建议，之后每天的上午和下午都各读半个小时，每次都能读 15 页，也不再感觉累了。

1. 急于求成,一下给自己安排了过多的任务量,最后导致没有节奏。

2. 不知道自己的专注力能维持多长时间,不懂得劳逸结合。

3. 计划性不强,总按照别人的要求去做,缺乏系统安排的思维。

4. 做事太慌张,容易造成节奏混乱。

5. 自律性差,没有按计划完成上一项任务,也会导致下一项任务失去节奏。

太长时间做同一件事,会产生厌烦情绪,不能坚持,影响意志力

不按时休息,大脑变得越来越迟钝

不遵循规律,效率会越来越低,白费时间

做什么事都三分钟热度,不能持之以恒

## 节奏不对的后果

7小时学习 + 1小时锻炼 > 8小时学习

掌握正确的学习节奏，学习效率更高。

## 秒变时间管理小能手

**1** 大脑的左半球主管抽象思维，右半球主管形象思维。可以几件事轮换着做，如阅读一段时间后解数学难题，使大脑的左右半球轮换休息。

**2** 疲惫时，运动一下或听听音乐，劳逸结合，可以放松神经，缓解大脑疲劳，使大脑恢复活力。

**3** 多运动、保持良好的睡眠，可以提升大脑的多巴胺分泌水平，使专注力维持更长时间，始终精力充沛。

**4** 学习、做事时安排好进度，这样才能张弛有度，使大脑始终保持良好的状态。

# 我的时间规划表

| 课外阅读安排 | |
|---|---|
| **平时阅读安排** | **完成情况** |
| 每天阅读时长 | 10 分钟 | |
| 每天阅读页数 | 5 页 | |
| 每月阅读量 | 150 页 / 本 | |
| **假期阅读安排** | **完成情况** |
| 每天阅读时长 | 20 分钟 | |
| 每天阅读页数 | 10 页 | |
| 整个假期阅读量 | | |

# 第二章

## 时间有限，需要合理的规划和分配

# 争取在晚饭前写完作业

　　由于今天的作业很多，小明放学回到家就赶忙拿出作业本开始做起来。原来他想着在晚饭前完成作业，这样饭后就可以看半个小时的电视剧了。

　　不承想，小明刚写了不到10分钟，就开始胡思乱想了，一会儿想美味的晚饭，一会儿想白天和朋友们玩的游戏，一会儿想周末的出行计划，直到7点，妈妈叫他吃晚饭，他才停止了神游。

　　结果小明到晚上11点才写完作业，他不但没有完成计划，还耽误了饭后看电视的时间，也影响了休息。小明对此感到十分沮丧，不明白为什么会这样。

在晚饭之后写作业很可能会让我们感到疲劳和压力，影响我们的学习兴趣和积极性。时间长了，容易出现各种问题。

1. 想着晚饭之后还有很多时间，到时候再写也不迟。

2. 缺乏自律，没有在长期的训练中养成晚饭前写完作业的习惯，因此没有足够的时间来完成作业。

3. 被外界的诱惑所吸引，比如未来的玩耍计划、电视节目或游戏等，容易分心并浪费时间。

◆ 无法在规定时间内完成作业，容易造成焦虑和压力，影响情绪

◆ 拖延时间过久，容易过度疲劳而导致睡眠质量下降或睡眠时间不足

**拖延写作业的危害**

◆ 忽略掉正常的饮食和作息规律，导致身体健康出现问题

◆ 养成不良的做作业习惯，做事效率变低

◆ 影响在学习方面的信心，导致成绩下降

让时间成为你的"帮手"

- ◆ 要知道晚饭后的时间很短
- ◆ 任务量切勿太多
- ◆ 合理安排时间

睡觉

睡前阅读

看电视

吃晚饭

做作业

放学

## 秒变时间管理小能手

**1** 开始写作业之前，先明确自己的学习任务，再根据任务制订时间计划，确保在有效的时间内完成任务。

**2** 将作业分解成小任务，然后按照紧急程度依次去做，确保在计划的时间内可以完成。

**3** 关闭手机、电视或其他会分散注意力的设备，创造一个安静、整洁、舒适的学习环境，以免被干扰。

# 四步 WOOP 思维法

明确自己的意图，有意识地锻炼，让自己摆脱拖延，高效完成任务。

愿望
（wish）

结果
（outcome）

障碍
（obstacle）

计划
（plan）

备注：在"障碍"那一栏，可以为自己设置一个公式："如果 X，那么 Y"，方便更好地做计划。

# 早起时间定"靶向"

小风最近决定早起，充分利用好早上的时间，于是每天晚上睡觉之前，他都会制订好计划，设定闹钟。

第二天早上，小风随着闹钟挣扎着醒来，他先按照日程去背单词，但是规定的 30 分钟时间到了，小风也没记住几个单词。之后他又开始了下一个项目——读课文，刚进入状态，做早操的时间又到了。可是做了 5 分钟，身体刚刚舒展开，又到了吃早饭的时间。

小风被这个忙忙碌碌的早晨折磨得精力不济，等到上午上课的时候，他觉得自己困极了，总是忍不住想睡觉。小风不明白，明明做了计划，为什么还会如此狼狈？

# 一起来找找原因吧！

1.高估早上时间的长度，想做的事情太多，经常找不到真正适合自己早上做的事情。

2.没有提前明确早上要做的事情，导致早上起床后不知道要先做什么，容易手忙脚乱。

3.对自己的学习状态以及学习偏好缺乏正确的评估，早上学习的任务和实际情况不匹配。

◆影响到白天做事情的状态，不能获得充分的专注力

◆使得身体和大脑处于紧张状态，增加压力激素的分泌

**早上手忙脚乱的危害**

◆早上一次性做太多事，会降低专注力，反而浪费了学习时间

◆影响身体健康，使身体和心理状态更加疲惫，时间利用的效率变得更低

不能太贪心，有时做得少才能做得好。

## 秒变时间管理小能手

**1** 固定早起时间，明确起床后要完成的任务。

**2** 除了常规任务，如刷牙、洗脸等，统计出可以利用的其他时间。

**3** 对可以利用的时间进行合理规划，给特定任务分配固定时间并养成习惯。

7:00

# 做零碎时间的"指挥官"

乐乐最近打算将自己的零碎时间利用起来，但怎么都做不好。他经常觉得零碎时间多得用不完，有时候又会因为太过于短暂而稍纵即逝，感觉时间和自己总是错拍的。

不过，幸好乐乐是一个懂得求助的孩子。他找到了王老师，王老师告诉他："这是因为你在利用零碎时间之前忘了做一样准备工作，那就是分类。你可以把你的零碎时间分成三类，一是用来学习，比如读书、学习技能等；二是用来做一些有益的事情，比如帮助别人、锻炼身体等；三是用来放松和休息，比如听音乐、看电影等。对号入座就会轻松多啦！"

乐乐听了之后，好像突然找到了思路。

对于零碎时间的分类利用非常重要，如果毫无目的地想到一件事情就做一件事情，就会很匆忙，最终效果也不好，甚至会对自身带来不好的影响。

1. 对自己的零碎时间没有一个清晰的认识，以至于没有合适的利用方法。

2. 没有一个明确的目标和计划，很可能会被外界因素所左右。

3. 缺乏分类意识，认为时间只是一种连续的、不受限制的资源，而没有意识到应该利用不同的时间进行不同的活动和任务。

没有利用好零碎时间的后果

浪费时间

容易导致付出多而收获少

学习无效率，挫伤自信心

不能养成良好的时间管理习惯

容易感到疲惫和焦虑

间接影响生活质量

都好好地去自己的篮子里吧!

## 秒变时间管理小能手

**1** 养成随身携带一本书或者一个小本子、一支笔的习惯，在有零碎时间的时候可以充分利用。

**2** 将零碎时间分类，比如前文案例中的分类方法，也可以根据时间的灵活性分为可预测的零碎时间与不可预测的零碎时间。

**3** 给不同类型的时间分配不同的任务，如给可预测的零碎时间分配学习任务，并且提前准备学习需要用的资料，无法预测的闲散时间则用来放松。

# 我的零碎时间规划

## 等人的时间

1. 听音乐
2. 记单词

## 早餐时间

## 等车的时间

## 睡觉前的时间

## 排队时间

## 晚饭后的时间

## 上下学路上的时间

## 课间时间

# 做规划，始于记录时间"开销"

　　小林长大了，妈妈开始让小林试着自己管理时间。可小林的时间计划表上只给写作业安排了 30 分钟，游戏娱乐时间却足足占了 3 个小时。妈妈皱着眉头说："这样安排，你的作业能完成吗？"小林非常肯定自己能完成，两人争执不休。爸爸冷静地说："小林，翻一翻你之前做的时间'开销'记录吧。"

　　小林翻开时间"开销"记录，只见 30 天内每天写作业的时间都是 50 分钟至一个半小时，他这才发觉自己的计划表做得太想当然了。原来，做计划也要有依据，那就是时间"开销"记录！

1. 制订计划最常犯的错误就是给喜欢做的事情多分配时间。通过时间"开销"记录，可以直观地看到重要事件需要花多长时间，有了依据，制订的计划才更科学。

2. 时间"开销"记录还可以让我们直观地看到自己每天大致有哪些待办事项，避免漏掉重要的事。

3. 通过时间"开销"记录，可以分析自己在哪些事情上消耗了过多时间，哪些事情想做却没时间做，做计划时可以改进对时间的利用。

4. 时间"开销"记录还能让我们看到每天、每周、每个月的成果，使我们更有成就感。

◆ 不知自己做了哪些事，缺乏成就感

◆ 每天都过得很混乱，容易变得拖拉、混日子

**不记录时间"开销"的后果**

◆ 计划漏掉重要事项

◆ 没有记录和根据，无法对时间的利用进行对比和反思

◆ 预估的做事时间不准确，计划不切实可行

8 点到 12 点
上学

12 点到 14 点
午饭、午休

14 点到 17 点
上学

6 点到 8 点
起床、洗漱、
吃饭、上学

17 点到 18 点
写作业

18 点到 19 点  吃晚饭

19 点到 21 点
娱乐、课外阅读

21 点以后  睡觉

记录时间"开销"，避免像陀螺一样晕头转向。

##  秒变时间管理小能手

**1** 分析时间"开销"记录，找出每天必做的重要事项，优先保证重要的事有充分的时间去做。

**2** 先将重要事项安排在精力最充沛的黄金时间，再来安排次重要事项、其他事项。

**3** 分析时间"开销"记录，找出不合理的时间消耗，通过调整计划来杜绝时间浪费。

**4** 时间"开销"记录既是上个计划的执行结果，又是下个计划的制订依据，应每周、每月进行总结。

# 我的时间规划表

## 时间"开销"&日程安排

| 时间"开销"记录 | 事项 | 时间 |
|---|---|---|
| 抄词、做数学难题 50 分钟 | 做题 | 17:00—17:30 |
| | 写作业 | 17:40—18:00 |
| 踢球 20 分钟 | 运动 | 18:00—18:20 |
| 业余爱好 30 分钟 | 钢琴／画画 | 18:30—19:00 |
| 吃晚饭 30 分钟 | 吃晚饭 | 19:00—19:30 |
| 看动画片 30 分钟 | 娱乐时间 | 19:30—20:00 |
| 洗漱 30 分钟 | 洗漱 | 20:00—20:30 |
| 阅读时间 30 分钟 | 看名著／故事书 | 20:30—21:00 |

# 学习计划不是越满越好

　　小梁正在制订学习计划，明天要做的事情好多呀，语文要抄写 20 组生词和背诵课文，数学有 10 道难题，英语要背 30 个单词和预习课文，还要练琴、画画，小莫还约了他出去玩，这下可真是要忙坏了……

　　爸爸看了看他的学习计划，大笑道："一天要做完这么多事情，48 小时也不够用吧！"小梁赶紧询问爸爸自己的计划出了什么问题。爸爸告诉他，订计划时如果把每天的时间安排得满满的，甚至把 3 天的任务堆到 1 天，计划怎么可能顺利执行呢？学习计划必须得切实可行，合理安排时间，合理分配精力，才能坚持。有缓冲余地的事情可以晚点做。

刚开始学习做计划时，每位同学都制订过不靠谱的日程表，导致计划失败吧，那问题出在哪里呢？

1. 对自己在一段时间内可以完成多少事没有概念，制订的计划自然不靠谱。

2. 不清楚自己每天必须完成的任务和可以延期再做的事，感觉时间不够。

3. 制订学习计划时没有充分考虑自身实际情况，将计划制订得过于困难或是过于简单。

◆ 因学习计划太难而完不成，影响日后制订计划的积极性

◆ 学习计划制订得太简单，容易养成懒散的坏习惯

**学习计划不切实际的危害**

◆ 学习计划难度太大容易引发焦躁不安、恐惧、抑郁及厌学心理

◆ 学习计划安排得太满，影响执行力度，容易造成拖延

◆ 影响学习效果，影响成绩

计划清单可不是越长越好。

##  秒变时间管理小能手

**1** 以必须做的事为锚点，制订学习计划，合理分配时间。给重要的事优先分配黄金时间段，会产生更多价值。

**2** 制订学习计划后，先执行一段时间，验证计划是否切实可行，再视情况进行调整，以保证计划的效果。

**3** 做学习计划时，应预留出适当的弹性时间，以应对突发情况，保证计划得以顺利执行。

**4** 做好学习计划后应认真执行，以免学习计划沦为"面子工程"。

# 我的学习计划表

| 必须完成的项目 | | 时间安排 | 时长 |
|---|---|---|---|
| 明天必须交的作业 | 生词 20 组 | | |
| | 背诵课文 | | |
| | 数学难题 10 道 | | |
| 约好的任务 | 培训班 | | |
| 备注 | | | |

| 弹性项目 | | 时间安排 | 时长 |
|---|---|---|---|
| 不必明天交的作业 | 英语单词 30 个 | | |
| | 预习英语课文 | | |
| 不必每天完成的任务 | 画画 | | |
| | 练琴 | | |

# 考前计划帮我取得好成绩

要月考了，小然坐在桌前，一会儿看看数学，一会儿翻翻语文，焦虑得不知如何是好。爸爸问他怎么了，小然说要考试了，自己还没准备好。爸爸笑了笑："咱们制订个考前计划吧。"

在爸爸的帮助下，小然清楚了自己能达到的目标；算清了自己的复习量——每科两单元；分析了每科的重点难点，甚至拿出错题本，找出了自己的知识漏洞；弄清了自己的强科弱科，哪科能进步最大。据此，他安排好了每天的复习计划。

有了考前计划，小然就没那么浮躁了，他每天只管按照计划有条理、有针对性地进行复习。考试时，小然果然每道题都能轻松解答，取得了优秀的成绩。

考试前，我们为什么还要制订专门的复习计划呢？

1. 面对考试，如果没有复习计划，我们会觉得茫然无措，不知从什么地方下手。复习计划能给我们一个明确的抓手。

2. 复习计划可以给我们提供明确的目标，如语文、数学要提升至多少分，复习时能更有动力，时间利用更充分。

3. 做计划能帮我们捋清自己的薄弱点、易错点、知识重点等，复习起来更有针对性，时间分配会更合理。

4. 复习计划给我们的时间分配和知识点的复习顺序提供依据，让我们复习得更有效率。

◆ 时间不够用，复习不完，
  备考不充分

◆ 复习效率低，
  成绩差

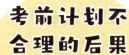

考前计划不
合理的后果

◆ 使弱科更弱，
  成绩没有提升，
  打击学习积极性

◆ 没有对学过的知
  识做全盘复习计
  划，复习时知识
  不够系统化

◆ 制订的计划不合
  理，难以完成，
  导致心态失衡

## 秒变时间管理小能手

**1** 先确立考试目标，再分析各科得失，了解自己的薄弱环节，然后把复习任务拆解到周计划、日计划当中。

**2** 给精力充沛的"黄金时间"分配复杂的高强度任务，如各科难题。每次都从较复杂的学科开始学习，做好精力管理。

**3** 给弱科多分配时间，补齐短板对成绩提升更有效。

## 我的时间规划表

| 平日 | 开始时间 | 时长 | 奖励 ★ |
|---|---|---|---|
| 记录错题 | | | |
| 疑难点复习 | | | |
| **周末** | **开始时间** | **时长** | **奖励 ★** |
| 基础知识点整理 | | | |
| 提纲式系统复习 | | | |
| 重点复习 | | | |
| 翻错题集 | | | |
| 典型题复习 | | | |
| 弱科复习 | | | |

# 假期无计划，开学两行泪

　　放假了，小悦简直玩得不亦乐乎。每天一睁开眼就约上几个小伙伴，到足球场大战一场。吃过午饭就上线打游戏，厮杀到晚上，彻底把作业抛到了脑后。妈妈让他做个暑假计划，小悦不满地嚷嚷着："假期就应该痛痛快快地玩，要什么计划！"每次妈妈催他写作业，小悦总不耐烦地说："时间还很多呢！"

　　直到假期快结束了，小悦才埋头苦干起来，起早贪黑地补作业。即便开学前一天，小悦写作业写到晚上 10 点多，但还是没写完，最终挨了老师一顿批评。爸爸也抱怨，本来安排好的假期旅游，也因为小悦要补作业而泡汤了。

很多同学都觉得假期除了写作业，不就是玩乐吗，为什么还要制订计划呢？

1.假期计划可以帮我们明确目标，如旅游、放松身心、学习新技能等。有计划，我们的假期生活才能更充实，我们也会更有收获。

2.假期计划可以帮我们更好地管理时间，以免陷入无节制的玩乐中。有计划，我们才能充分利用每一刻，还能留出充足的时间享受假期。

3.假期有计划，我们做事能更有节奏，平衡劳逸时间，免得学太累或玩太累，打破生理时钟，导致健康问题。

4.假期还是难得的"家庭时间"，利用假期安排团聚、旅游，可以使家庭关系更亲密、和谐。

◆ 没有完成事情的成就感、满足感，内心空虚

◆ 假期前闲后忙，缺乏节奏感

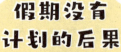

假期没有计划的后果

◆ 没有进行出游、探亲等活动，没有享受感

◆ 整天睡觉玩乐，虚度光阴

◆ 长时间打游戏，不利于身体健康

假期玩过头，小心被作业压垮！

##  秒变时间管理小能手

**1** 为必须做的事如写作业等，留出充足时间。

**2** 制定目标，明确一两件在假期想要挑战的事，如学会游泳、学街舞等，安排固定时间去执行。

**3** 为暑假做个具体的规划，给每天要做的事安排合理的时间段。

**4** 制订计划表时，尽量不要把做作业的时间排满整个暑假，以免作业被出游计划或其他意外状况耽误。

# 我的假期思维导图

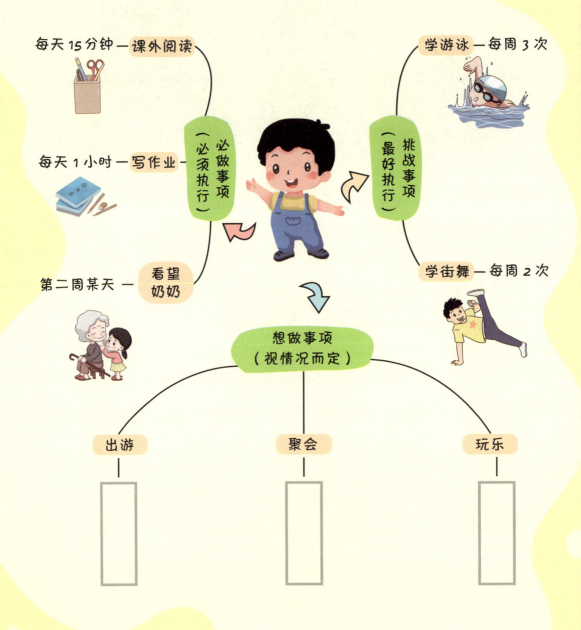

每天15分钟—课外阅读

每天1小时—写作业

第二周某天—看望奶奶

必做事项
（必须执行）

学游泳—每周3次

挑战事项
（最好执行）

学街舞—每周2次

想做事项
（视情况而定）

出游

聚会

玩乐

# 第三章

## 做事要有条理，正确的时间做正确的事

# 眉毛胡子一把抓是不行的

到了周日，本来是特别值得开心的日子，小虎信心满满地想早点写完作业去打球，却忙得焦头烂额。

他先去写数学题，琢磨题目的空当又抓起了语文课本去背诵，还没有背熟，数学也没思路，小虎又写起了英语作文。

妈妈看他在那边忙来忙去，唉声叹气，忍不住上前询问。

小虎说："这是我新发明的写作业法，任务这么多，要是几件任务同时进行，岂不是可以加快速度了？"

妈妈看着小虎七零八落的作业，哭笑不得。小虎不明白，自己这样做不对吗？

## 一起来找找原因吧！

1. 认为同时做许多事情就能够加快速度，看似时间利用效率很高，实则收获不大。

2. 任务多而没有计划，压力和紧迫感一直伴随着，令我们感到焦虑和紧张。

3. 没有估算每件事情需要多长时间，导致任务相互冲突。

4. 突发事件会打乱我们本来的计划，如果盲目应对，就会导致手忙脚乱。

◆ 精力一次又一次"重启"，做事效率低下，浪费大量的时间

◆ 产生思想负担，加重焦虑感

◆ 怀疑自己，因为完不成任务而自责失望，变得非常不自信

**同时做好几件事的危害**

◆ 事情堆积得越来越多

◆ 情绪变得不稳定，甚至会影响周围的人

◆ 影响之后的计划和生活节奏

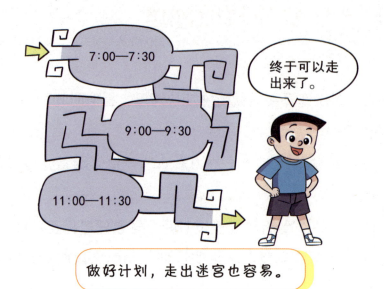

7:00—7:30

9:00—9:30

11:00—11:30

终于可以走出来了。

做好计划，走出迷宫也容易。

 ## 秒变时间管理小能手

**1** 如果需要在有限的时间内完成许多任务，要为每一个任务选择合适的精神状态，才能保证效率。例如，可以在清晨记忆力比较好的时候来进行背诵，而下午比较困倦的时候安排一些娱乐活动。

**2** 将事情按照重要性、紧急程度、感兴趣的程度等进行排序，然后给不同等级的任务分配合适的时间段和时长。

**3** 任务虽然很多，但并不意味着都要花费很多时间。我们可以将每件事大概需要的时间预估一下，再设置适宜的时间段来完成，就不会慌乱了。

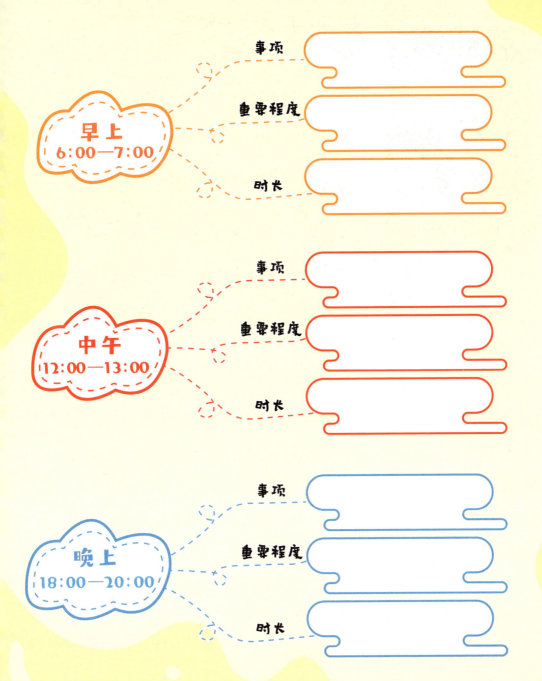

我的事项计划导图

早上
6:00—7:00

事项

重要程度

时长

中午
12:00—13:00

事项

重要程度

时长

晚上
18:00—20:00

事项

重要程度

时长

# 任务繁重，如何取舍？

　　小风最近当上了班长，实现了他一直以来的梦想。可是他最近的状态却让妈妈很担心。小风每天放学都回来得很晚，安排活动日程、管理同学值日、制作黑板报……这些事让小风在学校里忙得不可开交，回来之后还要写作业、练钢琴。这导致他最近睡眠不足，食欲也特别不好。

　　看见他瘦了一大圈儿，妈妈非常心疼，建议他卸任班长职务，可好强的小风却说自己应付得来。

　　又过了一个多月，在一次体育课过后，小风竟然因为低血糖晕倒了。他这才醒悟，原来因为之前忙，他一直在透支自己的身体。

1. 不懂得取舍，在许多琐碎的事情上花费大量的时间，但实际上人不可能完成所有事情。

2. 错误估计了自己的力量，认为只要投入努力，就能把所有事情都做完。

3. 过于好强。明明意识到自己的时间和精力是有限的，但还是不愿意妥协，也不愿意根据实际情况调整自己的目标。

给身体健康
埋下隐患

导致精力不集
中，上课容易
开小差

导致学习
成绩下降

导致疲倦，无
精打采

对所做的事
情失去兴趣
和耐心

**不懂得取舍的危害**

63

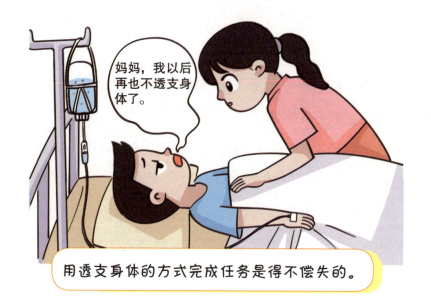

妈妈，我以后再也不透支身体了。

用透支身体的方式完成任务是得不偿失的。

 ## 秒变时间管理小能手

**1** 时间对每一个人来说都是公平的，不要在一天之内安排过多的事情，要量力而为。

**2** 明确健康是行动的前提，透支身体长期来看是得不偿失的，要先照顾好身体，这样才能在做事时发挥出更大的能量。

**3** 做减法。集中精力去完成最重要的一件事或几件事，其他可有可无的事情可以利用零碎时间去做或者舍弃。

**4** 借力。如果有些事情别人可以代劳，我们可以请求帮助。

# 我的任务规划

## 想要完成的事

1. 制作黑板报
2. 整理班级日志
3. 写作业
4. 练琴
5. 玩游戏
……

## 对要做的事进行排序

1. 制作黑板报
2. 整理班级日志
3. 写作业
4. 练琴
5. 玩游戏
……

## 估算每件事所需时长

1. 2 个小时
2. 20 分钟
3. 40 分钟
4. 1 个小时
5. 30 分钟
……

## 舍弃当日完不成的工作

1. 制作黑板报
2. 整理班级日志
3. 写作业
4. 练琴
5. 玩游戏
……

# 首先完成重要的事情

　　明明在学校听老师说，适度娱乐可以放松身心，调整心态，更好地面对学习和生活中的挑战，于是每天都开开心心地"照做"——放学后总是先找朋友玩一会儿，回到家后还要看会儿电视以"拓展见闻"。

　　但是，他总是不自觉地花费太多的时间，在玩乐中简直"乐不思蜀"，这自然占据了他写作业的时间，导致作业总是写得马马虎虎。甚至有好几次，把作业拖延到难以完成的地步。

　　长期下来，明明的成绩出现了很大滑坡。明明不懂为什么自己按照老师说的去做了，成绩反而下降了。

1. 分不清什么重要，什么不重要。有的小朋友会认为玩也很重要，是一种有益身心的放松。

2. 经受不住娱乐活动的诱惑，不自觉地陷入其中，感觉无法自拔。

3. 缺乏完成重要事情的动力和热情，习惯性地先去做自己喜欢的事，不愿意在重要但困难的事上花费时间。

◆ 容易产生焦虑和不安等不良情绪

◆ 导致主业荒废，影响学习和生活

◆ 容易养成拖延的坏习惯

**不首先完成重要事情的危害**

◆ 学习没有热情，学习效率降低

◆ 感到疲惫和不满足

◆ 失去老师和家长的信任和尊重

玩乐重，还是学业重啊？

## 秒变时间管理小能手

**1** 做事情之前，先进行判断，把要事挑出来。我们可以这样问自己：这个事情是否有助于我们学业的提升？这个事情是否与我们的主要目标有关？认真思考这些问题就可以确定哪些任务是最重要的。

**2** 增强先完成要事的意识。完成要事可以为我们减轻压力和焦虑，以此为前提才能有更高的生活质量。

**3** 制定优先级列表，为重要的事设定明确的目标，制订时间计划，做的时候避免干扰。

# 任务优先级划分法

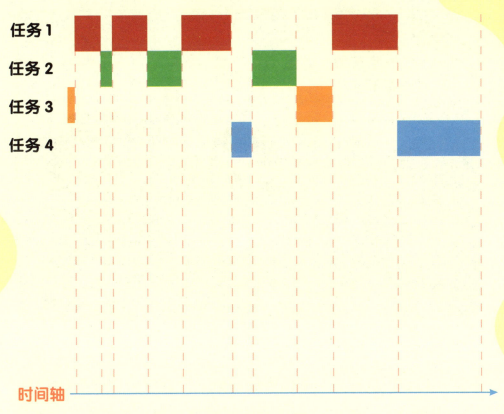

任务1

任务2

任务3

任务4

时间轴

■ 重要、紧急　■ 重要、不紧急　■ 不重要、紧急　■ 不重要、不紧急

## 你也来试试吧

◆ 在时间轴上标注具体时间

◆ 将任务按照难易程度分类

◆ 重要的优先处理，不紧急且不重要
　的可做弹性处理

# 学习才是成长路上的主旋律

一直玩耍，才是童年嘛。

暑假时，方方去了一趟乡下的外婆家，这期间，方方整天和朋友们去河边摸鱼，去田野放风筝、抓蝴蝶，玩得不亦乐乎。

开学之后，方方还整天和妈妈嚷嚷着想去外婆家玩，不仅如此，她的学习成绩也受到了影响。妈妈被吵得不耐烦了，反问道："方方，你知道小孩子目前最重要的是什么吗？"

"当然是快乐啊！"方方义正词严地说道，"妈妈，我现在还是小孩子，不应该有太大压力，追求快乐才是最重要的。"

妈妈听后，语重心长地说："快乐的童年是非常重要，但如果天天想着玩，最后成绩一落千丈，这样的童年还快乐得起来吗？学习才是成长的主旋律啊！"

# 一起来找找原因吧！

学习是我们目前生活中的主旋律，有了主旋律，其他副旋律才会动听，是什么原因让方方忽视了自己的学习和成长呢？

1. 方方误认为快乐的童年就是完全不要学业压力的童年，把两者看成相互对立的。

2. 没有对学习产生足够的兴趣，也没有把学习当作最重要的事情。对于尚且年幼的方方来说，学习可能是枯燥无味的，她更关注玩耍和娱乐。

3. 不知道为什么要学习，以及不清楚学习的内容有什么实际用途，没有足够的动力去努力学习。

4. 没有养成良好的学习习惯。

◆ 在与学习无关的事情上浪费了太多的时间

◆ 学习成绩受到影响，无法掌握重要的知识和技能

## 贪玩而忘记学习的危害

◆ 学习不深入，养成浅尝辄止的坏习惯

◆ 影响未来在学习和成长方面的长远规划

◆ 失去对自己的信心，觉得自己在学习方面无能

成绩一落千丈，这样的童年会快乐吗？

 ## 秒变时间管理小能手

**1** 要明白学习和快乐两者兼得才是真正幸福的童年。学习是实现自己梦想的基础，也是收获幸福童年的基础。

**2** 培养自己对学习的兴趣，在多种形式的学习内容中，比如音乐、绘画、语言等，发现自己的兴趣爱好。

**3** 养成良好的时间管理习惯，既能更加规律、更加有效地学习，也可以为自己的娱乐留出充足的时间。

# 我的暑期计划思维导图

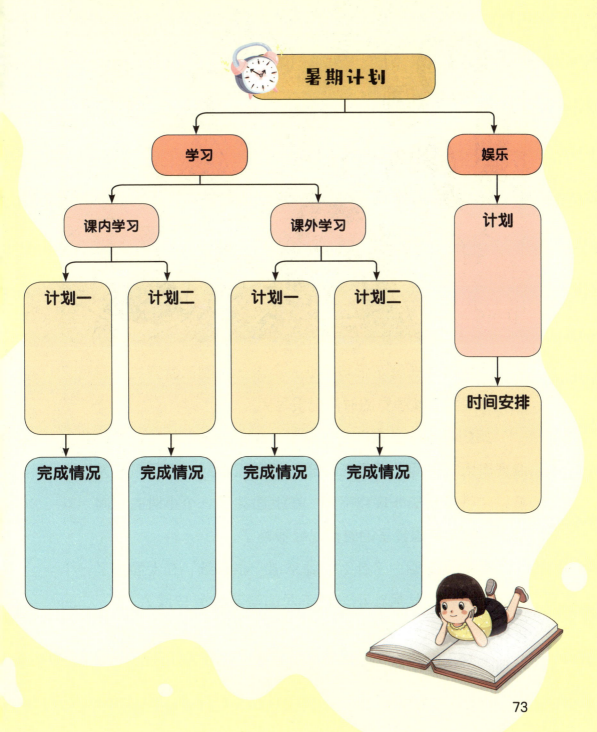

暑期计划

学习

娱乐

课内学习

课外学习

计划

计划一

计划二

计划一

计划二

时间安排

完成情况

完成情况

完成情况

完成情况

# 用 ABC 排序法提升学习效率

老师今天布置了很多作业，小米一回到家就开始忙着写起来，可是到了该睡觉的时候也没写完。

妈妈忍不住过来询问。原来，小米在一开始的数学作业上浪费了太多时间，后面的两道大题有点超纲，老师布置为自愿解答，可是他却非攻克不可，在上面花了一个小时的时间，以至于开始写英语卷子的时候已经很晚了。

妈妈突然明白了什么。她拿出一张白纸，在上面画了一个小小的表格，然后让小米把不同的学习任务按照 A、B、C 的等级列好，这就是 ABC 排序法。小米照着妈妈的方法做了一遍，发现一下子就理清了头绪。

1.写作业的时候，在非重要的项目上花费太多时间，导致头重脚轻。

2.对作业情况缺乏分析，这个分析包括任务量、难易等级以及所需时间等，是我们制订计划的前提。

3.没有明确的计划和目标，会让我们盲目地凭感觉去完成作业，感到困惑和迷失方向。

4.挑战困难值得欣赏，但面对困难的题目因为不理解而无法快速解答，于是在尝试解题的过程中失去了时间。

在不必要的事情上浪费大量的时间

影响学习效率，容易分心，无法专注于手头的事情

导致生活质量下降

导致我们在做事情的时候缺乏主动性和独立性

增加压力和焦虑感

任务不分级、不排序的危害

75

事项分级慢慢来，才能取得最终胜利。

##  秒变时间管理小能手

**1** 将任务分级。A 级任务指的是非常重要而且紧急的事项，是我们必须处理的事情，大约有 20% 的事项属于此类。B 级任务指的是非常重要但不太紧急的事项，大约占 30%。而 C 级任务是既不重要又不紧急的事项，大约有一半的事项属于这类。

**2** 分级可以根据时间的变化以及事情的变化灵活调整。并不是一成不变的，要善于在变化中取得平衡。

**3** 不同分级有不同的时间限制。我们应该用充分的时间和精力去保证 A 级任务顺利进行。B 级和 C 级任务则不需要那么多时间，C 级任务甚至可以作为 A 级任务完成间隙的一种休闲。

# ＡＢＣ排序法

A 紧急且重要　写作业　考试复习

B 重要但不紧急　小提琴练习　默写单词

C 不紧急且不重要　玩游戏　和朋友聊天

把要做的事贴在时间轴上（可根据情况调整）

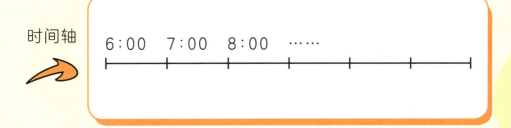

时间轴　6：00　7：00　8：00　……

# "要做的"和"想做的",怎么选?

要做的

想做的

思思特别想去海洋馆,于是早早地就和爸爸约定好了,爸爸说:"等学习任务都完成了,我们就可以去啦!"

到了周末,思思一直用渴望的眼神看着爸爸。爸爸拿起思思的作业一看,还有一多半没有完成。

爸爸知道思思很想去海洋馆,于是语重心长地对她说:"如果今天白天不写作业的话,就会熬到很晚,甚至导致作业完不成,明天就会被老师批评,会有一大串连锁反应。可海洋馆什么时候去都可以。你会怎么选择呢?"

思思听了,暗暗明白了些什么。

# 一起来找找原因吧！

在故事中，思思没有完成作业就想让爸爸带她去海洋馆，不遵守当时的约定，这是什么原因导致的呢？

1. 误认为想做的就是必须做的，她对出去玩的渴望是如此强烈，让她感到非做不可。

2. 没有足够的自律性和自我约束力，很难坚持自己的目标和计划，容易受到外界的干扰和诱惑。

3. 没有良好的时间管理习惯，可能会把所有的事情都当成必须做的，导致她无法把精力和时间集中在真正需要完成的任务上。

错过重要的机会

不能达成学习或生活中的重要目标

无法集中精力

陷入一种自我冲突的状态，感到无力

会让学习和生活都变得混乱，也无法实现自己的价值

导致身心健康问题

混淆"要做"与"想做"的危害

**秒变时间管理小能手**

**1** 提前为学习和外出做好计划，为自己的娱乐项目留出合适的时间。

**2** 在"想做的"与"要做的"事情发生冲突的时候，以"要做的"事情为先。

**3** 可以寻求父母的帮助，在他们的建议下厘清哪些事情必须做，哪些事情不着急做。

## 事项分类法

 一起来列一列吧

| 要做的事 | 想做的事 |
| --- | --- |
| 做作业 | 与朋友玩耍 |
| 参加兴趣班 | 去海洋馆 |
| 参加学科竞赛 | 阅读课外书 |
| 锻炼身体 | |
| | |
| | |

# 重要且紧急的事要立刻去做

　　小寒过于自信，总喜欢把事情留到最后一刻才去做。

　　周五，他收到了学校的一个通知，作为优秀班干部，他需要在周一全校师生的升旗仪式上进行"国旗下的演讲"。这对于学校来说非常重要，而且准备时间比较短。可是，周末这两天，小寒忙着写作业、上兴趣班、打篮球等，一直没准备演讲稿。小寒觉得周日晚上再写也来得及。

　　可是到了周日晚上，小寒却没什么思路，他开始有点着急了，于是打电话问老师该怎么办。和老师沟通完，他才发现原来演讲需要做这么多准备，所以他忙到后半夜才完成，第二天带着黑眼圈去学校了。

# 一起来找找原因吧！

1. 畏难，重要而紧急的事情往往令我们感到压力很大，需要很强的专注力才能完成。有许多同学意识到这点之后，害怕面对失败而不敢开始。

2. 对于任务的步骤、要求和目标不太清楚，就可能会浪费时间在无关紧要的地方，或者在错误的道路上做无用功。

3. 过于自信，认为自己一定能轻松完成，低估任务的难度，从而在执行的过程中遇到意想不到的挑战。

一味拖延，导致效率低下

没有合理安排主次，造成时间和精力的浪费

后面的事情受到影响，造成一系列恶劣反应

影响自己的形象，失去老师或家长的信任

导致任务延误或失败

自信心受挫

## 拖延紧要事情的危害

压力好大，一点儿都不想去做。

 ## 秒变时间管理小能手

**1** 保持冷静，从容应对，面对重要且紧急的事不能自乱阵脚，要马上思考有助于解决问题的关键点有哪几个。

**2** 马上行动起来，设计出初步的行动方案。即使没有想到最好的策略，也要在行动中寻找。

**3** 平时做事的时候学会预留时间，在事情的间隙留下一些灵活的时间，这样一旦有重要且紧急的事情出现，也不耽误事。

# 四象限法则

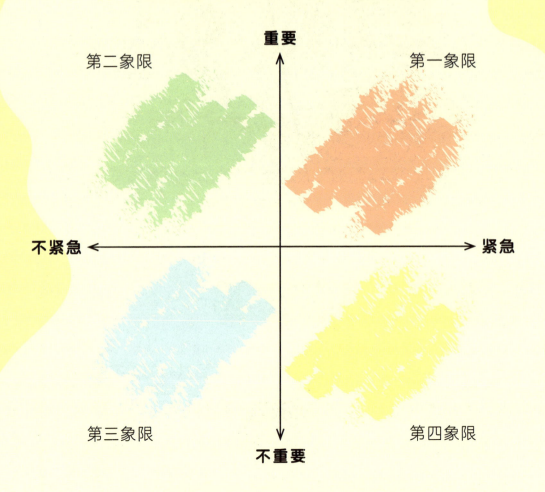

第一象限：重要且紧急的事情，要优先处理

第二象限：重要但不紧急的事情，要未雨绸缪

第三象限：不重要也不紧急的事情，要避免发生

第四象限：紧急但不重要的事情，要尽量减少

# 第四章

# 珍惜时间，
# 合理利用每一秒

# 凡事提前准备，才能节约时间

明天就要开学了，晚上睡觉前，妈妈对小虎说："小虎，把明天上学要带的东西准备好再睡。"小虎嘴上答应，心中却觉得明天早上出门的时候再整理也来得及，然后就去睡觉了。

第二天醒来，小虎洗漱完毕，开始收拾书包的时候，才发现要带的课本不见了。妈妈见他还没出发，就说："再不出发，上学就要迟到了。"他急得满头大汗，只好向妈妈求助："妈妈，我的课本怎么不见了？"妈妈说："昨天你把课本放在卧室了，你忘记了吗？"小虎这才想起来，赶忙去卧室拿课本。

经过一番折腾后，小虎到学校的时候已经迟到了，他懊悔地说："早知道我昨晚就该把东西都收拾好。"

1. 我们有时爱拖延，不愿意立刻去完成任务，觉得第二天再做完全来得及。

2. 没有预估做某件事所需要的时间，自以为一会儿就能做完，等到做的时候才发现需要很多时间。

3. 没有提前做准备的意识，最后做事的时候因为时间紧迫而手忙脚乱。

遇到突发状况时，不知道如何处理，导致误事

边做边摸索，降低效率

做事时慌张无序，容易将事情搞砸

浪费许多宝贵的时间

做事不懂提前准备的危害

## 秒变时间管理小能手

**1** 养成凡事提前准备的好习惯，多小的事情都要提前做准备，等开始做事的时候就可以事半功倍。

**2** 事前预估要做的事情的难度，分析其中可能遇到的困难，做好心理准备和应对方法，避免时间紧张，忙中出错。

## 我的书包清单

笔记本

文具

作业本

书包清单

水杯

课本

纸巾

**注：** 前一天晚上将第二天上学要用的东西一一准备好，放在桌子上，第二天检查完，有序地放进书包里即可。

# 正确预估时间，才不会浪费时间

　　昨天，小杰和同学约好今天下午 3 点去展览馆看科技展。下午 2 点的时候，小杰还躺在床上玩手机，小杰的妈妈对小杰说："小杰，你不是要去看科技展吗？现在该出发了。"小杰看了一眼时间说："才 2 点，不着急，我一会儿再出发。"2 点半的时候，小杰妈妈又说："2 点半了，你该出发了。"小杰却说："我坐公交车到展览馆只需要 20 分钟，我 10 分钟后再出发也来得及。"

　　10 分钟后小杰出门了，但他没想到今天出行的人特别多，公交车在路上堵了很久，最后小杰迟到了半个小时，被同学评价为不守时的人。

# 一起来找找原因吧！

1. 我们年纪还小，生活经验少，缺乏正确判断做某件事所需时间的能力。

2. 我们做事的时候总是习惯卡点，因此总是按照最理想的方式预估时间，认为在最后一刻完成就可以了。

3. 做任何事的时候都可能会有波折，而我们很容易忽视可能发生的意外情况，没有预留出处理意外情况的时间。

预估时间短于正常所需的时间，做事紧张，容易出错

预估时间远远大于正常所需时间，注意力容易分散，养成做事散漫、拖延的不良习惯

遇到突发状况手忙脚乱

不能养成合理规划时间的能力，在日后的工作和学习中没有效率

不能正确预估时间的危害

没想到会堵车，去看科技展肯定要迟到了。

 ## 秒变时间管理小能手

**1** 预留出一些时间来应对突发情况，比如预计 30 分钟能做完的事情，我们可以预留出 10 ~ 15 分钟，以免遇到突发情况时手忙脚乱。

**2** 不要因为别人做得快就着急，每个人的能力是不一样的，根据自己的能力预估时间，做合理的时间规划。

**3** 详细了解事情的难度，尽量准备周全，例如去见朋友的时候，要提前了解路线、交通状况等，做出合理的时间预估。

# 时间管理计划表

| 任务 | 预估时长 | 完成情况 | 原因 |
|---|---|---|---|
| 早上跑步 2 千米 | | | |
| 上午看完一本课外书 | | | |
| 下午去图书馆找学习资料 | | | |

# 寻找最佳学习时段，充分利用时间

　　小伟的英语成绩总是不及格，他决心想办法提高自己的英语成绩，于是他每天都会在临睡前背英语单词，不过有时背着背着就睡着了。就这样坚持了一个月，小伟迎来了英语考试。

　　小伟对这次考试信心满满，可当他看到考试成绩时却惊呆了——这次的英语成绩又没有及格。小伟觉得很委屈，自己明明也有认真准备，考试成绩为什么会这么差呢？小伟的邻桌小雪的英语成绩一直都很好，这次英语考试又得了满分。小伟虚心地向小雪请教，问她有没有学习英语的诀窍。小雪说："我没有什么诀窍，只是每天早上起床背20分钟英语单词而已。"

　　小伟心中疑惑，我也每天背单词，为什么差距这么大呢？

1.不会合理地规划学习时间，想起来就做，结果可能会事倍功半。

2.制订的学习计划不符合自己的学习习惯，学习的时候不能让自己处于最佳状态。

3.没有具体的学习计划和学习目标，导致自己的注意力容易分散。

◆学习没有效率，导致学习成绩下降

◆付出很多时间却没有多少回报，导致自信心下降

不会利用最佳学习时段的后果

◆如果占用了本该休息或者娱乐的时间来学习，不能劳逸结合，长此以往会影响身心健康

◆在非最佳学习时段学习，很难集中注意力，会养成做事容易走神的不良习惯

◆ 让孩子们学习更加高效，懂得把时间和相应的事情进行匹配

◆ 合理利用最佳时间段，能减少时间的浪费，让生活更有意义

◆ 明白什么时间段适合做什么，是对孩子们思考能力的一种锻炼，可以达到最优的效果

◆ 合理地安排自己的生活，在适合的时间做适合的事情，才会更加轻松和舒服

## 秒变时间管理小能手

**1** 每个人的最佳学习时间段都不一样，有的人早上学习效率高，有的人晚上学习效率高，可以通过试验对比，找到适合自己的最佳学习时间段。

**2** 根据自己的学习习惯和生活规律，合理安排最佳学习时间段的学习内容，但是不要因为自己的最佳学习时间段是在晚上，就学习到特别晚。

**3** 利用最佳学习时间段来进行针对性的学习，比如学习自己的薄弱科目，来提高薄弱科目的成绩。

# 最佳学习时间使用方法

### ☆ 清晨 6:00—7:00 ☆

经过一夜的休息，大脑已将前一天所接收的信息进行了整理、归纳和记忆，开始接收新的信息。这个时间段人的记忆力比较好，可用来背诵单词、课文。

### ☆ 上午 8:00—10:00 ☆

吃过早餐后，人的精力处于旺盛时期，对于各种信息理解快，判断清晰，记忆也比较快。上课及时举手询问，解决问题。

### ☆ 傍晚 6:00—8:00 ☆

傍晚大脑进入活动高峰期，这时快速记忆的效果通常比较好；睡觉前，大脑将不再接收大量信息，但是会无意识地整理信息，将其存入记忆中。

# 通过预习，实现珍惜课堂时间

　　最近上课的时候小旭总是跟不上老师的节奏，他觉得老师讲得太快了，自己前面的内容还没有听明白，老师就开始往下讲了。

　　小旭把这个烦恼告诉了妈妈，妈妈说："我有一个办法，可以帮你解决这个烦恼。"小旭高兴地问："妈妈，是什么办法？快告诉我。"妈妈说："你每天放学后，把第二天老师要讲的内容预习一遍，就能跟上老师的节奏了。"

　　小旭却不愿意，他觉得自己每天上课、写作业、上课外班，已经很忙了，要是再加上预习，那岂不是更忙了，自己哪有那么多时间呢？而且预习真的有用吗？

1. 觉得反正老师会在上课的时候讲解新的内容，没必要浪费时间去预习。

2. 觉得自己白天上课，晚上回家还要写作业，已经很忙了，没办法抽出时间来预习。

3. 没有预习的目标，不清楚该怎样预习，该预习些什么，以至于对预习没有兴趣。

◆ 不预习就容易在课堂上听不懂，导致注意力不集中，造成学习效率低下

◆ 不能针对性听老师讲解，认识不到重点难点，学习变得相当被动，进而导致学习效果不好

## 不会预习的危害

◆ 预习是形成自学能力的前提，也是衡量个人学习能力的重要指标，不会主动预习，不利于培养自学能力

◆ 不会预习导致课堂效率低，无形中浪费了很多时间，不利于养成珍惜时间、合理利用时间的习惯

◆ 通过预习，可对新课做到心中有数，使听课变得更有针对性

◆ 通过预习，可以节省大量时间用于听课时思考问题

◆ 预习时要独立阅读和思考，可以提高自学能力

## 秒变时间管理小能手

**1** 计划好每天的预习时间，熟悉内容，标出重点、难点、疑点，提高课堂效率，养成预习习惯。

**2** 根据要预习的功课难易程度控制时间，难的功课可以多花一些时间，容易的功课可以少花一些时间。

**3** 选择合适的时间进行预习，预习是为了上课时能达到更好的学习效果，太早容易遗忘，太晚容易疲劳，都不合适。

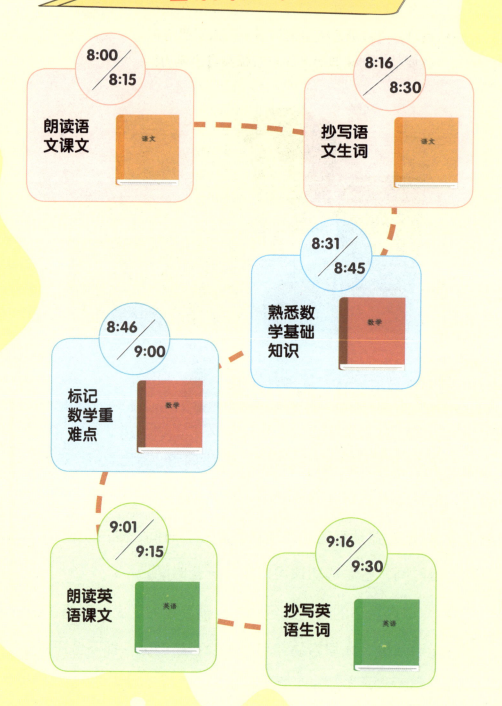

睡前预习计划

8:00 / 8:15
朗读语文课文 语文

8:16 / 8:30
抄写语文生词 语文

8:31 / 8:45
熟悉数学基础知识 数学

8:46 / 9:00
标记数学重难点 数学

9:01 / 9:15
朗读英语课文 英语

9:16 / 9:30
抄写英语生词 英语

# 提高记忆效率，才能更省时

　　下周就要考试了，小玲约小芳周六到自己家中一起复习功课，小芳愉快地答应了。周六那天，小芳早早地来到小玲家，两人开始复习功课。她们拿出语文课本一起背诵课文，小玲才背到整本书的一半，小芳就把语文课本合上，拿出数学课本背起了数学公式。小玲觉得小芳效率太高了，更加用心地复习起来。谁知等小玲背诵完语文课文，小芳已经开始背诵英语单词了。

　　小玲好奇地问小芳："你怎么背得这么快呢？"小芳说："因为我把所有的知识点都做成了思维导图，这样记起来就快多了。"

1. 有时我们会觉得要记的知识太多了，记不住也是正常的，就不再用心去记。

2. 没有找到好的记忆方法来帮助自己记忆，明明花费了很多时间，效率却很低。

3. 有时我们需要记忆的东西太多太乱，记忆的时间越长越烦躁，最后失去了耐心。

◆ 由于学习表现不佳，会产生消极、自卑的情绪，不利于自信心的建立

◆ 可能会影响到情绪，使我们焦虑甚至抑郁，这些负面情绪会妨碍良好品格的建立

记忆效率差的危害

◆ 没有记忆就没有理解，记忆效率差会让我们逐步形成记不住、学不好、考得差的恶性循环，从而影响学习成绩

◆ 会导致经常出现丢三落四和注意力不集中的现象，不利于以后的成长和发展

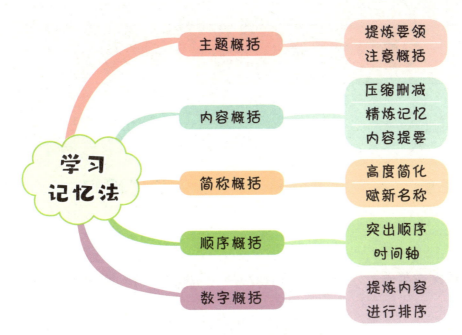

学习
记忆法

主题概括 —— 提炼要领 / 注意概括

内容概括 —— 压缩删减 / 精炼记忆 / 内容提要

简称概括 —— 高度简化 / 赋新名称

顺序概括 —— 突出顺序 / 时间轴

数字概括 —— 提炼内容 / 进行排序

 ## 秒变时间管理小能手

**1** 学习制作思维导图，利用思维导图给要记忆的知识"减肥"，节省记忆时间，提高学习效率。

**2** 每个人都有自己的学习规律，找到自己记忆效率最高的时间段，比如清晨或者睡前，可以减少记忆所需时间。

**3** 熟读、理解再记忆，比如背诵一首唐诗，明白了诗的意思，才能串联诗中上下句，更有效地记忆。

**4** 除了思维导图法，还有一些好的记忆方法，可以向老师和同学请教，找到最适合自己的记忆方法。

# 周末黄金记忆时间计划

| 任务 | 时间 | 完成情况 | |
|------|------|--------|---|
| 背诵语文或英语 | 6:30—7:00 | 完成 ☐ | 未完成 ☐ |
| 练习英语听力 | 7:00—7:30 | 完成 ☐ | 未完成 ☐ |
| 记忆重难点 | 8:00—9:00 | 完成 ☐ | 未完成 ☐ |
| 思考记忆难题 | 14:00—16:00 | 完成 ☐ | 未完成 ☐ |
| 回顾一天所学，加深记忆 | 21:00—22:00 | 完成 ☐ | 未完成 ☐ |

# 掌握解题方法，提升学习效率

　　小林和小明是好朋友，他们学习成绩差不多，但是最近小明的学习成绩进步明显。小林问小明："你最近的学习成绩怎么进步这么快，有什么诀窍吗？"

　　小明说："我们来比赛吧，比完赛我就告诉你。"他找到两张一模一样的数学试卷，两个人同时答题，等小林做完卷子的时候，小明已经等他好长时间了。小林问小明："你是怎么做到的啊？"小明说："你看看我的卷子就知道了。"小林看完小明的卷子，发现小明的解题方法既简单，正确率还高，小林不由得想：这就是我学习效率低的原因吗？

1. 上课没有认真听讲，对老师讲的解题方法一知半解，不知道该如何运用到题目中。

2. 不会变通，本来运用得很熟练的解题方法，只是换一种题型，就不知道该怎么办了。

3. 不擅长独立思考，只会生搬硬套老师讲的解题方法，没有深入了解其中的思维方式。

容易养成死记硬背的学习习惯，浪费时间的同时还没有效率

容易思维僵化，形成某种思维定式，不利于日后的成长

长此以往，可能会形成不会变通的性格缺陷

影响学习效率，导致学习成绩变差

不会灵活运用解题方法的危害

## 学会运用好的解题方法有多种好处

- 有助于我们提高做题效率和准确率，提升学习成绩

- 培养我们的思维能力

- 有助于培养我们的创新意识

这些解题方法好简便，可以节省很多时间。

## 秒变时间管理小能手

**1** 虚心向学习好的同学请教，收集简便的解题方法，选择适合自己的解题方法，节省出的时间可以用来做别的事情。

**2** 上课认真听讲，弄懂老师讲的解题方法，并灵活运用，提高解题效率。

**3** 遇到难题时，要沉着冷静，仔细分析其中的规律，找到正确的解题方法，避免在慌乱着急中浪费时间。

# 提高解题效率训练

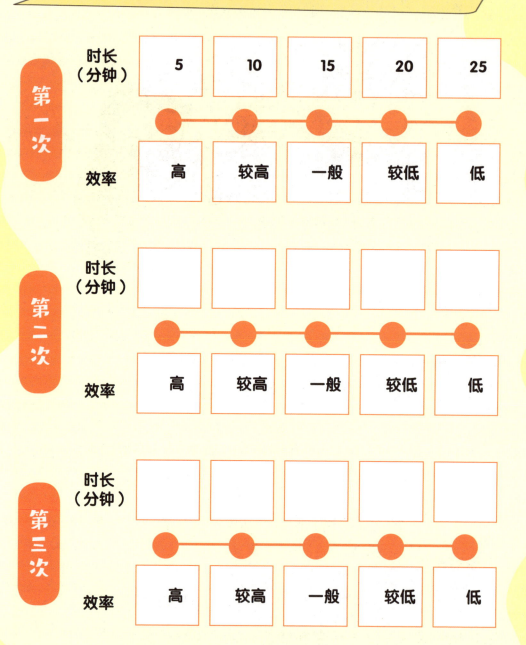

| 第一次 | 时长（分钟） | 5 | 10 | 15 | 20 | 25 |
| --- | --- | --- | --- | --- | --- | --- |
| | 效率 | 高 | 较高 | 一般 | 较低 | 低 |

| 第二次 | 时长（分钟） | | | | | |
| --- | --- | --- | --- | --- | --- | --- |
| | 效率 | 高 | 较高 | 一般 | 较低 | 低 |

| 第三次 | 时长（分钟） | | | | | |
| --- | --- | --- | --- | --- | --- | --- |
| | 效率 | 高 | 较高 | 一般 | 较低 | 低 |

注：记录每次遇到难题时所花费的时间，对比效率，加以改进。

# 事情太多，你需要一个备忘录

　　周三的时候，小晨的妈妈对小晨说："妈妈明天要去外地出差，下周才能回来，你周末的时候记得去……"小晨的妈妈给小晨安排好了周末要做的事情，小晨听完后满口答应，信心满满地表示记住了。

　　等到了周末，小晨按照妈妈的吩咐去办事，他记得要去买文具，在文具店买完文具后，小晨想了半天，才想起还要把修理工具还给邻居阿姨。还了修理工具后，小晨又想了半天，才想到接下来要做的事情，本来半天就能完成妈妈交代的任务，小晨用了整整一天。最后他懊悔地说："太浪费时间了，早知道就把妈妈交代的事情记在备忘录上了。"

1. 认为自己的记忆力非常好，听一遍就能记住，不可能忘记，没必要记在备忘录上。

2. 不了解时间会让人产生遗忘的现象，当时确实记住了，过几天可能就忘记了。

3. 平时比较懒，即使事情太多记不住，也不愿意动笔记在备忘录上。

◆ 可能遗漏重要信息，给学习造成影响

◆ 因为记忆缺失，没有事先做好统筹规划，导致做事效率低

**不会用工具辅助记忆的影响**

◆ 事情太多记不住，当真的需要这些信息的时候，就要花费大量时间来回忆，浪费宝贵的时间

◆ 对自己的记忆力产生怀疑，不利于身心的健康发展

**学会利用备忘录的好处**

1.备忘录可以提醒我们需要完成的任务或事项，避免因忘记而遗漏。

2.我们可以在备忘录中记录每天需要完成的任务和计划，从而更好地规划自己的时间，提高工作效率。

3.备忘录可以帮助我们整理思路，将需要完成的任务按照优先级和时间轴排序，从而更好地掌控自己的工作进展。

## 秒变时间管理小能手

**1** 正视时间带来的遗忘现象，不过分依赖自己的记性。

**2** 可以请身边的人帮忙提醒自己，两个人的记性总比一个人的记性可靠得多。

**3** 自己建立一个备忘录，做好时间档案和计划，提示自己什么时间要做哪些事情。

# 我的一周备忘录

周一

周二

周三

周四

周五

周六

周日